VOICI LA FRANCE...

... ET VOICI PARIS. PIERRE HABITE A PARIS. IL HABITE UN APPARTEMENT.

MAIS ... QU'EST-CE QUE C'EST?

PIERRE EST DANS LA CHAMBRE.
IL ECOUTE UN DISQUE.

VROUM!

Mais ... qu'est-ce que c'est?
C'est une machine?
C'est un hélicoptère?

AÏE!! QU'EST-CE QUE C'EST??

Bonjour, Monsieur.
Ça va?

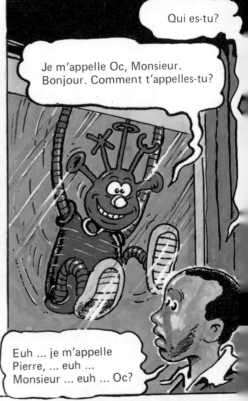

Qui es-tu?

Je m'appelle Oc, Monsieur.
Bonjour. Comment t'appelles-tu?

Euh ... je m'appelle
Pierre, ... euh ...
Monsieur ... euh ... Oc?

3

ACTIVITES BIBLIOBUS

A Can you match the questions on the left with the correct answer on the right?

1. Où habite Pierre?

2. Il regarde la télé?

3. Où habite Oc?

4. Kiki est une machine?

5. Qui est à la porte?

v. Maman.

w. A Paris.

x. A Xodoc.

y. Non, il écoute un disque.

z. Non, un animal.

B Study these jumbled letters. See if you can find the names of five things in the picture.

JOJO SUPERSTAR

ACTIVITES BIBLIOBUS

A Answer these questions.

1. What do Jojo's badges mean?

2. Where does his Dad want him to go?

3. Where does Johnny, the superstar, live?

4. How does Johnny arrive at the studio?

5. What does Jojo imagine at the end of the story?

B Can you complete these words?
The typewriter left out a different letter in each line. Which letters?

1. B■nj■ur! ○
2. Ç■ v■? ○
3. J■ m'app■ll■ Jacqu■s Citron. ○
4. Je s■is à New York avec ... o■i ■ne s■perstar.
5. Ma■s, qu■ est-ce?